WAS ICH DIR *wünsche*

Was ich dir
wünsche

... beginnt mit einem winzigen Samen
voller Hoffnung und Glück.
Ich schicke ihn zu dir auf die Reise,
damit er wachsen und aufblühen kann.
Vielleicht mutet er klein und unscheinbar an,
aber in ihm steckt

Kraft und Größe.

Alles wahrhaft Große vollzieht sich
durch langsames, unmerkliches

Wachsen.

Seneca

Sei stolz auf dich!

Blicke auf das, was du bereits erreicht hast.
Denke daran, wie viel Kraft, Mut und Vertrauen
du aufgebracht hast, um dort zu stehen, wo du jetzt stehst.
Und alles, was vor dir liegt, erscheint plötzlich leicht.

Das Leben leicht tragen und

tief genießen

ist ja doch die Summe aller Weisheit.

Wilhelm von Humboldt

Nimm dir Zeit,

deine Träume und Sehnsüchte zu ergründen.
Sie kennen den Weg.

. . .

Versprühe Freude

und verteile Liebe,

wann immer du kannst.
Du hast so viel zu geben!

Wenn es dir möglich ist, mit nur einem

kleinen Funken

die Liebe in der Welt zu bereichern,
dann hast du nicht umsonst gelebt.

Jack London

Halte fest,

was dich glücklich macht.
Alles andere lass los.
Schaffe kleine Momente, die
deinen Tag bereichern.

Glaube an Liebe, hoffe auf Wunder,
vertraue dem Glück.
Dein Glaube macht vieles möglich,
die Liebe vieles einfach,

Vertrauen macht dich stark.

Das Glück

ist wie das Meer –

seine Wellen kommen auch

immer wieder.

unbekannt

Schreibe dir auch
dich selbst auf die Fahne und

tue dir etwas Gutes.

Das Leben sollte man
jeden Tag feiern!

Das Dasein *ist köstlich.*

Man muss nur

sein eigenes Leben zu führen.

Peter Rosegger

Lass dir dein Leuchten nicht nehmen,
nur weil es ein paar blendet.
Denn für viele ist es ein großes Glück.
Und für irgendjemand bedeutet es

alles!

...

Entdecke
die kleinen Dinge im Leben –
sie machen es so

bunt und schön!

Und wenn wir die ganze Welt durchreisen,
um das Schöne zu finden:
Wir müssen es
in uns tragen,
sonst finden wir es nicht.

Ralph Waldo Emerson

Versuche nicht,
perfekt zu sein. Sei einfach da,

um glücklich zu sein.

Spüre den Wind in den Haaren, die Sonne
in deinem Gesicht und den tiefen
Frieden in dir.

Hab keine Angst, dich zu öffnen.
Alles, was dir begegnet, ist eine Einladung zum

Wachsen.

Echte Freunde

hören nicht nur, was du sagst.

Sie verstehen auch, was du meinst.

unbekannt

Schenk deinen Gedanken Flügel,
damit sie dich an wunderbare Orte tragen.

Frei und unbeschwert.

...

Denk einfach
an etwas Schönes und

dein Herz

lässt dich fliegen.

J. M. Barrie (aus Peter Pan)

Lass dich hin und wieder treiben und
lebe frei in den Tag hinein.
Keine Termine. Keine Verpflichtungen.

Einfach nur sein.

Spüre, wie Ruhe und Gelassenheit
dich durchströmen.

• • •

Am Ende eines jeden Tages
ist nur wichtig, dass es einen

schönen Moment

gegeben hat, der dich lächeln ließ.

unbekannt

Und
was ich mir
wünsche

... mehr von deiner Art.

Viel mehr!

Schön, dass es dich gibt.

Text: Tina Herold
Textnachweis: Wir danken allen Autoren bzw. deren Erben, die uns freundlicherweise die Erlaubnis zum Abdruck von Texten erteilt haben.

Bildnachweis: Cover: Levente Bodo/Moment/Getty Images; Innenteil: S. 2: zhuyongming/Moment/Getty Images; S. 4/5: Levente Bodo/500px Plus/Getty Images; S. 6: FEBRUARY/Moment/Getty Images; S. 9: twomeows/Moment/Getty Images; S. 10: John C Magee/Moment/Getty Images; S. 12: AleksandarNakic/E+/Getty Images; S. 15: Kan Taengnuanjan/EyeEm/Getty Images; S. 16: Srida Kantawong/EyeEm/Getty Images; S. 19, 30/31: Levente Bodo/Moment/Getty Images; S. 20/21: Fabio Negrotto Cambiaso/EyeEm/Getty Images; S. 23, 36/37: the_burtons/Moment/Getty Images; S. 24:Jacqueline Anders/Moment/Getty Images; S. 27: HaizhanZheng/E+/Getty Images; S. 28: casper shaw image/Moment/Getty Images; S. 32, 41: shutterstock.com; S. 35: Remenion/500px/Getty Images; S. 38: Yaorusheng/Moment/Getty Images; S. 43: Enrico Salvadori /500px Plus/Getty Images; S. 44: Nick M/FOAP/Getty Images; S. 46: Doris Feigl/500px/Getty Images.

Cover: Barbara Fuchs
Layout: Doris Wohofsky
Satz: Peter Ball, Media Diversified GmbH
Gesamtherstellung: AZ Druck und Datentechnik GmbH, Kempten

ISBN 978-3-8485-0206-6
© 2023 Groh Verlag. Ein Imprint der Verlagsgruppe
Droemer Knaur GmbH & Co. KG
Maria-Luiko-Straße 54, 80636 München
www.groh.de

Kontaktadresse nach EU-Produktsicherheitsverordnung:
produktsicherheit@droemer-knaur.de